NOTIONS DE DROIT

ADMINISTRATIF, CRIMINEL et PÉNAL

A l'usage de la Jeunesse

TRIBUNAUX EN MATIÈRE CIVILE & COMMERCIALE

PAR J. CLÉMENT

Ancien agréé

PRIX : 50 centimes.

En vente chez tous les Libraires.

JOIGNY
Imprimerie et Librairie HAMELIN-ZANOTE
1894

ERRATUM

Page 6, deuxième alinéa, au lieu de :

Les membres des Conseils généraux sont nommés pour *neuf* ans ; ils sont renouvelés par *tiers* tous les trois ans, et sont indéfiniment rééligibles.

Il faut lire :

Les membres des Conseils généraux sont nommés pour **six** ans ; ils sont renouvelés par **moitié** tous les trois ans, et sont indéfiniment rééligibles.

NOTIONS DE DROIT

ADMINISTRATIF, CRIMINEL et PÉNAL

A l'usage de la Jeunesse

TRIBUNAUX EN MATIÈRE CIVILE & COMMERCIALE

PAR J. CLÉMENT

Ancien agréé

PRIX : 50 centimes.

En vente chez tous les Libraires.

JOIGNY
Imprimerie et Librairie HAMELIN-ZANOTE
1894

Dédié à M. Émile JAVAL

Ingénieur des mines, membre de l'Académie de médecine, vice-président du Cercle parisien de la Ligue de l'Enseignement, Lauréat de l'Institut (prix Monthyon), Chevalier de la Légion d'honneur, Officier de l'Instruction publique, Président de la Société d'Instruction populaire du département de l'Yonne.

AVIS

En publiant cet opuscule, je n'ai pas eu le dessein de donner un cours complet de droit administratif, criminel et pénal, mais quelques pages seulement, que je considère comme étant la clef au moyen de laquelle chacun, selon son désir ou ses aptitudes, pourra pénétrer plus ou moins avant dans le sanctuaire de ces connaissances.

Mon principal but a été de faire connaître, en cette matière, ce qu'il n'est permis à personne d'ignorer.

NOTIONS DE DROIT
ADMINISTRATIF, CRIMINEL & PÉNAL

PREMIÈRE PARTIE

DROIT ADMINISTRATIF EN GÉNÉRAL

Le droit administratif est l'ensemble des règles qui déterminent les rapports réciproques de l'administration et des administrés.

L'administration est la gestion des intérêts généraux de la société, des intérêts des départements, des communes, etc. Cette administration fonctionne au moyen de l'organisation de l'autorité administrative chargée de maintenir l'ordre, de faire exécuter, d'après les lois et règlements en vigueur, tout ce qui se rattache d'une manière spéciale aux services publics.

Au sommet de la hiérarchie est le chef de l'Etat.

L'autorité administrative est représentée à tous les degrés hiérarchiques par un fonctionnaire ; un ministre par chaque branche d'administration ; un préfet par chaque département ; un sous-préfet par chaque arrondissement ; un maire par chaque commune.

Les attributions du ministre de l'intérieur comprennent : le personnel des préfets et des sous-préfets, l'administration supérieure des départements, des communes, des hospices, des établissements de bienfaisance, l'exécution des lois de police générale.

Conseil d'Etat. — Le conseil d'Etat est une réunion de magistrats chargés :

1° De donner leur avis sur tout ce qui concerne l'administration générale ;

2° De statuer comme juridiction suprême sur les affaires contentieuses dont la connaissance est attribuée par les lois à l'autorité administrative.

Le conseil d'Etat est divisé en quatre sections. Il est composé d'un président, d'un vice-président, de présidents de section, d'un certain nombre de conseillers, de maîtres des requêtes, d'auditeurs.

Toutes les contestations communales rentrent dans ses attributions.

Préfet de Police. — Le préfet de police est un magistrat spécialement institué pour la ville de Paris ; il est chargé de tout ce qui concerne la police générale et municipale.

Le préfet de police est, en outre, classé parmi les officiers de police judiciaire par l'article 10 du Code d'instruction criminelle.

ADMINISTRATION DÉPARTEMENTALE

L'administration départementale a, à sa tête, un préfet, un conseil de préfecture, un conseil général.

Préfet. — Le préfet est, dans chaque département, le magistrat en chef de l'administration ; il est, dans son ressort, le centre auquel viennent aboutir tous les fonctionnaires attachés à l'administration départementale ; ses devoirs consistent à veiller au maintien de la sûreté générale, à la conservation des propriétés publiques, à celle des chemins, rivières et autres choses communes ; enfin, il est l'agent, le régularisateur ou le surveillant de toutes les opérations administratives qui ont lieu dans son département.

Un secrétaire général, ayant rang de sous-préfet, lui est adjoint.

Conseil de préfecture. — La loi du 28 pluviose, en VIII, a établi un conseil de préfecture dans chaque département. Ce conseil connaît des affaires contentieuses administratives, sauf le recours au conseil d'Etat.

Les conseils de préfecture appartiennent, à la fois, à l'administration consultative et à l'administration contentieuse.

Les attributions consultatives du conseil de préfecture embrassent toutes les affaires que le préfet est tenu de décider administrativement en conseil de préfecture.

Les attributions contentieuses de ce conseil sont beaucoup plus nombreuses ; c'est en elles, en effet, que réside son caractère de tribunal administratif. A ce titre, le conseil de préfecture prononce sur les demandes des particuliers tendant à obtenir la décharge ou la réduction de leur cote de contributions directes, etc.

Il prononce, en outre, sur une foule de contestations administratives que notre cadre ne nous permet pas d'énumérer.

La procédure à suivre devant les conseils de préfecture est réglementée par une loi en date du 22 juillet 1889.

Conseil général. — Il y a dans chaque département un conseil général, composé d'autant de membres qu'il y a de cantons dans le département.

L'élection des membres du conseil général a lieu, par commune, sur les listes dressées pour l'élection des députés à l'Assemblée nationale.

Sont éligibles au conseil général les électeurs âgés de vingt-cinq ans au moins, domiciliés dans le département, et les citoyens ayant atteint le même âge qui, sans y être domiciliés, y paient une contribution directe. Néanmoins, le nombre de ces derniers ne peut dépasser le quart des conseillers.

Certains fonctionnaires, tels que préfet, conseillers de préfecture, receveurs des finances, agents forestiers, etc., ne peuvent être nommés membres des conseils généraux.

Les membres des conseils généraux sont nommés pour neuf ans ; ils sont renouvelés par tiers tous les trois ans, et sont indéfiniment rééligibles.

Les attributions des conseils généraux sont fort étendues ; les principales consistent à délibérer : 1° sur les contributions extraordinaires à établir et les emprunts à contracter dans l'intérêt du département ; 2° sur les acquisitions, aliénations et échanges des propriétés départementales ; 3° sur le changement de destination ou d'affectation des édifices départementaux ; 4° sur le mode de gestion des propriétés départementales ; 5° sur les actions à intenter ou à soutenir au nom du département ; 6° sur le classement et la direction des routes départementales ; 7° sur les projets, plans et devis de tous les travaux exécutés sur les fonds du département, etc.

Le conseil général vérifie l'état des archives et le mobilier appartenant au département ; enfin, il vote le budget du département, etc.

ADMINISTRATION D'ARRONDISSEMENT

Il y a, dans chaque arrondissement, un sous-préfet et un conseil d'arrondissement.

Sous-Préfet. — Il n'y a point de sous-préfet dans les arrondissements où est situé le chef-lieu du département ; l'administration est réunie à celle de la préfecture.

Bien que le sous-préfet soit investi d'une autorité et

d'attributions qui lui sont propres, il n'est, le plus souvent, qu'un organe de transmission, d'information et de surveillance. C'est à ce titre qu'il prépare, d'une part, l'instruction de toutes les affaires administratives qui doivent être soumises à la décision du préfet; et, de l'autre, qu'il transmet, aux maires et autres agents subordonnés, les décisions et instructions de la préfecture et en assure l'exécution.

Les attributions propres des sous-préfets sont relatives notamment : au recrutement de l'armée ; aux établissements insalubres et dangereux ; aux contraventions ; à la police du roulage ; à la grande voirie, etc.

Les arrêtés qu'il prend sur ces matières peuvent toujours être réformés par le préfet, sur la demande des intéressés ou par le ministre, si le préfet n'use pas de son droit.

C'est avec le sous-préfet que les maires doivent correspondre pour toutes les affaires qui concernent leur commune. Ils ne sont autorisés à écrire directement au préfet que dans les circonstances urgentes, et, dans ce cas même, ils doivent en instruire le sous-préfet.

Conseil d'arrondissement. — Il y a, dans chaque sous-préfecture, un conseil d'arrondissement composé d'autant de membres qu'il y a de cantons dans l'arrondissement ; toutefois, dans les arrondissements comptant moins de neuf cantons, le nombre des conseillers d'arrondissement ne saurait être inférieur à neuf; un décret répartit entre les cantons les plus peuplés le nombre des conseillers à élire complémentairement.

Les membres de ce conseil sont soumis à l'élection ; ils doivent avoir vingt-cinq ans accomplis. Cette élection se fait de la même manière que celle relative aux membres des conseils généraux.

Le conseil d'arrondissement donne son avis sur le classement des chemins vicinaux, sur la suppression ou le changement des foires et marchés, sur les travaux des routes, de la navigation et autres objets d'utilité publique qui intéressent l'arrondissement.

ADMINISTRATION COMMUNALE

Si l'on remonte au temps où Clovis fit la conquête des Gaules, on trouve qu'un assez grand nombre de localités avaient une administration intérieure, une police, des revenus publics. Mais cette administration fut plus tard bouleversée par l'anarchie féodale.

Moins d'un siècle après l'établissement féodal sur le sol de la France, les inconvénients et les maux du régime s'étaient fait sentir. Quelques tentatives de soulèvement eurent lieu dans les campagnes, sur lesquelles ce joug pesait principalement ; mais elles furent promptement réprimées.

Il n'en fut pas de même dans les villes : un grand nombre d'entre elles, surtout dans le Midi, avaient conservé l'organisation municipale qu'elles avaient eue sous la domination romaine, ou du moins le souvenir de cet état de liberté où elles s'administraient elles-mêmes. Quelques-unes se maintinrent à côté de la puissance féodale ; les autres se lassèrent bientôt de l'oppression et opposèrent à leurs maîtres une résistance d'abord passive, ensuite armée.

Voici comment procédaient les habitants, insurgés contre leurs seigneurs : ils se réunissaient dans l'église ou sur la place publique, et prêtaient le serment de se donner les uns aux autres foi, aide et force. Par cet engagement ou cette conjuration, la commune était établie. Alors les conjurés se formaient en milice et devaient, au signal du beffroi, se rendre en armes sur la place pour la défense de leur ville ; ils nommaient des magistrats pour administrer les affaires de la cité ; ils se chargeaient de la garde des murs, des portes et des chaînes des rues. Aussitôt que la conjuration était formée, si le seigneur ne l'acceptait pas, la guerre commençait entre lui et les bourgeois ; lorsque ceux-ci étaient vainqueurs, ils forçaient le baron de leur octroyer une charte, laquelle contenait la constitution communale, les droits politiques des bourgeois, droits relatifs à la vie civile, aux libertés des industries, à la sûreté des biens et des personnes, à la police, à la justice ; enfin à tout ce qui pouvait tirer la ville de l'anarchie matérielle.

Les tours, les fossés, les remparts dont on voit encore des vestiges sur plusieurs points de la France, attestent le soin qu'ils ont pris pour mettre leurs personnes, leurs biens et leur indépendance à couvert des entreprises des seigneurs qui, du reste, n'habitaient eux-mêmes que des châteaux fortifiés.

Mais lorsque, plus tard, les rois furent vainqueurs de la féodalité, ils reprirent, un à un, les privilèges, une à une, les franchises accordées aux villes. Richelieu et Louis XIV achevèrent de confisquer, au profit du despotisme, toutes les libertés soit municipales, soit provinciales.

Il était réservé à notre immortelle Révolution de 1789 d'établir un régime plus conforme à la dignité humaine, plus favorable aux intérêts généraux et individuels ; il ne s'agit plus que de tirer les conséquences des principes qu'elle a posés. Mais rappelons-nous toujours avec reconnaissance les efforts des courageux citoyens qui, quelques siècles auparavant, avaient été les précurseurs de notre grande réforme sociale.

S'il est un besoin généralement senti par les amis de l'ordre et de la liberté, c'est de répandre dans toutes les classes du peuple les premières notions du droit administratif, qui pénètre à peine dans les plus élevées.

Sous un régime comme le nôtre, tous les citoyens riches ou pauvres, éclairés ou sans lumières, étant égaux devant la loi, il serait heureux que tous fussent également jaloux de leurs droits. Or, pour les aimer, pour les exercer, les faire respecter, il faut sinon les connaître à fond, au moins en avoir les premiers éléments : ce sont ces éléments qui sont ignorés par les dix-neuf vingtièmes de ceux à qui la loi confère le droit de vote et d'éligibilité, que je me propose d'exposer avec le plus de simplicité et de clarté possibles.

Une commune est un corps collectif d'habitants, dont aucun n'a le droit d'agir individuellement dans l'intérêt commun. Ce droit est délégué à un certain nombre de représentants qui exercent les droits de l'universalité, chacun en ce qui le concerne. Aussi n'y a-t-il pas, dit Henrion de Pansay, une bourgade qui, à l'instant même de sa formation, n'ait reconnu la nécessité d'une administration intérieure et d'une police locale nécessaire au bien-être de la société.

Cependant ce n'est qu'à partir de 1789 que les communes de France ont été constituées d'une manière forte et solide ; jusqu'à cette époque, elles avaient suivi toutes les phases et pour ainsi dire tous les caprices des différents régimes qui s'étaient succédé.

D'après les lois qui nous régissent aujourd'hui, les communes sont administrées sous la surveillance des préfets et sous celle des sous-préfets, par un maire, un ou plusieurs adjoints et un conseil municipal.

Maire. — Le maire est un fonctionnaire public, placé à la tête de chaque commune ; ses fonctions sont gratuites.

Attributions. — Comme agent de gouvernement, le maire est chargé, sous l'autorité de l'administration supérieure :

1° De la publication et de l'exécution des lois et règlements ;

2° Des fonctions spéciales qui lui sont attribuées par les lois ;

3° De l'exécution des mesures de sûreté générale.

Comme administrateur municipal, le maire est chargé, sous la surveillance de l'administration supérieure :

1° De la police municipale, de la voirie municipale et de pourvoir à l'exécution des actes de l'autorité supérieure qui y sont relatifs ;

2° De la conservation et de l'administration des propriétés de la commune, de faire en conséquence tous actes conservatoires de ses droits ;

3° De la gestion des revenus, de la surveillance des établissements communaux et de la comptabilité communale ;

4° De la proposition du budget et de l'ordonnancement des dépenses ;

5° De la direction des travaux communaux ;

6° De souscrire les marchés, de passer les baux des biens et les adjudications des travaux communaux, dans les formes établies par les lois et règlements ;

7° De souscrire, dans les mêmes formes, les actes de vente, échange, partage, acceptations de dons et legs, acquisitions, transactions, lorsque ces actes ont été autorisés conformément aux lois.

Le maire nomme à tous les emplois communaux pour lesquels la loi ne prescrit pas un mode spécial de nomination ; il suspend et révoque les titulaires de ces emplois.

Le maire nomme aussi les pâtres communs, sauf l'approbation du conseil municipal. Il peut prononcer leur révocation.

Le maire est de droit :

1° Président du conseil municipal, excepté lorsqu'il rend ses comptes ;

2° Président du comité de surveillance établi près des écoles primaires ;

3° Président des commissions des hospices ;

4° Président du conseil de répartition ;

5° Membre né du conseil de fabrique ;

6° Surveillant des établissements publics ;

7° Tuteur naturel des établissements de charité ;

8° Et membre de droit de toute commission de surveillance des prisons.

Outre ses fonctions d'administrateur de la commune, le maire en réunit encore plusieurs autres ; il est :

1° *Officier de l'état civil*, et en cette qualité chargé,

sous la surveillance du procureur de la République, de la tenue des registres de déclarations de naissances, mariages, décès ;

2° *Officier de police judiciaire*, et en cette qualité chargé, sous la surveillance du procureur de la République, de rechercher les crimes, délits et contraventions commis dans l'étendue de la commune, d'en rassembler les preuves et de les constater par des procès-verbaux ;

Dans les villes qui ont un commissaire de police, ce sont ces magistrats qui sont chargés des contraventions de police et qui reçoivent les rapports, dénonciations et plaintes relatives à ces contraventions.

3° *Juge de simple police*, et en cette qualité il connaît, dans certains cas, concurremment avec le juge de paix, des contraventions commises dans l'étendue de la commune.

Dans les communes où il n'y a pas de commissaire de police, c'est le maire qui remplit les fonctions du ministère public au tribunal de simple police.

Arrêtés du maire. — Les décisions du maire sont formulées sous le titre *d'arrêtés*.

Le maire prend des arrêtés à l'effet :

1° D'ordonner des mesures locales sur les objets confiés par les lois à sa vigilance ou à son autorité ;

2° De publier de nouveau les lois et règlements de police et de rappeler les citoyens à leur observation.

Pour être obligatoire, tout arrêté municipal qui impose certaines obligations, ou qui interdit certaines facultés, doit avoir été publié et affiché dans la commune s'il concerne tous les habitants en général ; s'il concerne seulement un individu ou quelques individus, il faut qu'il leur ait été notifié.

Adjoints. — Le maire a, pour le seconder dans l'exercice de ses attributions, un ou deux adjoints, suivant le chiffre de la population de la commune.

En cas d'absence ou d'empêchement, le maire est remplacé par un de ses adjoints.

En cas d'absence du maire et des adjoints, le maire

est remplacé par un conseiller municipal désigné par le préfet, ou, à défaut de cette désignation, par le conseiller municipal le premier dans l'ordre du tableau.

Conseils municipaux. — Les conseillers municipaux sont des hommes honorables chargés de délibérer sur les intérêts de la commune, d'exprimer les vœux de ses habitants, de donner leur avis sur l'emploi des revenus communaux, etc.

Le conseil municipal de chaque commune est composé :

De 10 membres dans les communes de 500 habitants et au-dessous ;

De 12, dans celles de 501 à 1,500 ;

De 16, dans celles de 1,501 à 2,500 ;

De 21, dans celles de 2,501 à 3,500 ;

De 23, dans celles de 3,501 à 10,000 ;

De 27, dans celles de 10,001 à 30,000 ;

De 30, dans celles de 30,001 à 40,000 ;

De 32, dans celles de 40,001 à 50,000 ;

De 34, dans celles de 50,001 à 60,000 ;

Et de 36, dans celles de 60,001 et au-dessus.

Assemblées. — Les conseillers municipaux s'assemblent en session ordinaire quatre fois l'année, au commencement de février, mai, août, novembre.

Le préfet et le sous-préfet peuvent prescrire la convocation extraordinaire du conseil municipal ; le maire peut également le réunir extraordinairement toutes les fois qu'il le juge utile ; il est tenu d'en donner avis au sous-préfet au moment où il envoie les lettres de convocation.

La convocation peut également avoir lieu pour un objet spécial et déterminé sur la demande du tiers des membres du conseil municipal, adressée directement au préfet, qui ne peut la refuser que par un arrêté motivé.

Dans les sessions ordinaires, le conseil peut s'occuper de toutes les matières qui rentrent dans ses attributions.

En cas de réunion extraordinaire, le conseil ne peut s'occuper que des objets pour lesquels il a été spécialement convoqué.

Le conseil municipal ne peut délibérer que lorsque la majorité des membres en exercice assiste à la séance.

Attributions. — Le conseil municipal a, comme le maire, des droits qui lui sont propres.

Il exerce tantôt un droit de règlement, tantôt un droit de délibération, tantôt un droit d'avis, tantôt un droit de vœu, tantôt un droit de réclamation.

Le conseil municipal règle, par ses délibérations, les objets suivants :

1° Le mode d'administration des baux communaux ;

2° Les conditions des baux à ferme et à loyer, etc.

Le conseil municipal délibère sur les faits suivants :

1° Le budget de la commune et en général toutes les recettes et dépenses soit ordinaires, soit extraordinaires ;

2° Les tarifs et règlements de perception de tous les revenus communaux ;

3° Les acquisitions, aliénations et échanges des propriétés communales ; leur affectation aux différents services publics, et, en général, tout ce qui intéresse leur conservation et leur amélioration ;

4° Les projets de constructions, de grosses réparations et de démolitions, et, en général, tous les travaux à entreprendre ;

5° L'ouverture des rues et places publiques, et les projets d'alignements de voirie municipale ;

6° Le parcours et la vaine pâture ;

7° Les actions judiciaires et transactions, etc.

Les délibérations des conseils municipaux sont toujours adressées par l'intermédiaire du sous-préfet au préfet dont l'approbation les rend exécutoires.

Le conseil municipal délibère sur les comptes présentés annuellement par le maire.

Le conseil municipal est toujours appelé à donner son avis sur les objets suivants :

1° Les circonscriptions relatives aux cultes ;

2° Les circonscriptions relatives à la distribution des secours publics ;

3° L'acceptation des dons et legs faits aux établissements de charité et de bienfaisance ;

4° Les budgets et les comptes des établissements de charité et de bienfaisance ;

5° Les budgets et les comptes des fabriques, etc.

Enfin, le conseil municipal peut exprimer son vœu sur tous les objets d'intérêt local.

Il concourt en outre à l'apurement de la comptabilité communale. Il délibère sur les comptes présentés annuellement par le maire, etc.

Police municipale. — Le législateur n'a pu prévoir et réglementer tous les objets intéressant la police dans toutes les communes de France ; il a donné au maire le pouvoir d'ordonner les précautions locales sur les objets confiés à sa vigilance et à son autorité. C'est dans l'exercice de ce pouvoir réglementaire que consiste principalement la police municipale.

Les points qui doivent fixer la sollicitude des maires sont :

1° Tout ce qui intéresse la sûreté et la commodité du passage dans les rues, quais, places et voies publiques ; l'interdiction de ne rien exposer aux fenêtres ou autres parties des bâtiments qui puisse nuire par sa chute, et de ne rien jeter qui puisse blesser ou endommager les passants, ou causer des exhalaisons nuisibles ;

2° Le soin de réprimer et punir les délits contre la tranquillité publique, tels que les rixes et les disputes accompagnées d'ameutement dans les rues, les bruits et attroupements nocturnes qui troublent le repos des citoyens ;

3° Le maintien du bon ordre dans les foires, marchés, spectacles, cafés, lieux publics, etc. ;

4° L'inspection sur la fidélité du débit des denrées et la salubrité des comestibles exposés en vente publique ;

5° Le soin de prévenir par des précautions convenables les incendies, les épidémies, les épizooties, etc.

On voit d'après ce qui précède quelle est l'étendue de la compétence des maires en matières de règlements et arrêtés de police.

Police rurale. — La police rurale des campagnes est spécialement sous la juridiction des juges de paix et des officiers municipaux et sous la surveillance des gardes champêtres et de la gendarmerie; elle a pour objet les délits et les contraventions faits aux champs, fruits et récoltes; l'abandon des animaux dans les champs, les plantations d'arbres, les chemins ruraux et vicinaux, les clôtures, l'échenillage, les bans de vendange, le glanage. le grappillage, le maraudage.

Élections municipales. — Les membres du conseil municipal doivent être âgés de vingt-cinq ans; ils sont élus par les électeurs inscrits sur la liste communale dressée conformément à la loi pour l'élection des députés au Corps législatif.

Les conseillers municipaux sont élus pour quatre ans. En cas de vacances, dans l'intervalle des élections quatriennales, il doit être procédé au remplacement, quand le conseil se trouve réduit aux trois quarts de ses membres.

L'assemblée des électeurs est convoquée par le préfet.

Le jour fixé pour la réunion des électeurs doit toujours être un dimanche.

La présidence de l'assemblée électorale appartient au maire; s'il y a des sections le maire préside la première et les autres sont présidées successivement par les adjoints dans l'ordre de leur nomination, et par les conseillers municipaux dans l'ordre du tableau.

Le président a seul la police de l'assemblée.

Les deux plus âgés et les deux plus jeunes des électeurs présents à l'ouverture de la séance, sachant lire et écrire, remplissent les fonctions de scrutateurs.

Le secrétaire est désigné par le président et les scrutateurs. Dans les délibérations du bureau, il n'a que voix consultative.

Trois membres du bureau au moins doivent être présents pendant tout le cours des opérations.

Les assemblées des électeurs communaux procèdent aux élections qui leur sont attribuées au scrutin de liste.

Le bureau juge provisoirement des difficultés qui s'élèvent dans les opérations de l'assemblée, ses décisions sont motivées.

Toutes les réclamations et décisions sont insérées au procès-verbal, les pièces et les bulletins qui s'y rapportent y sont annexés après avoir été paraphés par le bureau.

Le bureau désigne, parmi les électeurs présents, un certain nombre de scrutateurs.

Le président et les membres du bureau surveillent l'opération du dépouillement. Ils peuvent y procéder eux-mêmes, s'il y a moins de trois cents votants.

Nul n'est élu au premier tour de scrutin s'il n'a réuni :

1° La majorité absolue des suffrages exprimés ;

2° Un nombre de suffrages égal au quart des électeurs inscrits. Au deuxième tour de scrutin, l'élection a lieu à la majorité relative, quel que soit le nombre des votants.

Tout électeur a le droit d'arguer de nullité les opérations de l'assemblée dont il fait partie. Les réclamations doivent être consignées au procès-verbal, sinon elles doivent être, à peine de nullité, déposées au secrétariat de la mairie dans le délai de cinq jours à dater du jour de l'élection. Elles sont immédiatement adressées au préfet par l'intermédiaire du sous-préfet ; elles peuvent être directement déposées à la préfecture ou à la sous-préfecture dans le même délai de cinq jours.

Il est statué par le conseil de préfecture, sauf recours au conseil d'Etat.

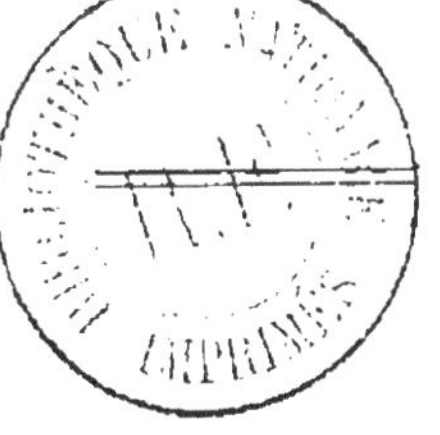

DEUXIÈME PARTIE

NOTIONS DE DROIT CRIMINEL

On nous a dit, on nous a répété partout que *nul n'est censé ignorer la loi*. Cette maxime, personne n'a le droit de la discuter et cependant on sait que les huit dixièmes au moins des Français n'ont aucune notion des lois de leur pays.

Pourquoi, alors, ne pas introduire dans le programme de l'instruction primaire au moins les premières notions du droit français, du droit criminel par conséquent.

Le droit criminel est destiné à protéger la liberté, l'honneur des citoyens. La législation criminelle d'un peuple tient le premier rang parmi les lois qui le régissent; cependant, par une contradiction singulière, la loi criminelle, en France, est la moins connue de toutes les lois françaises.

L'action pour l'application des peines n'appartient qu'aux fonctionnaires auxquels elle est confiée par la loi. L'action en réparation du dommage causé par un crime, par un délit ou par une contravention peut être exercée par tous ceux qui ont souffert de ce dommage.

La poursuite exercée par un fonctionnaire s'appelle *action publique*; celle exercée par la partie lésée se nomme *action civile*. L'action publique a pour but la réparation du tort causé à tout le corps social.

L'action publique pour l'application de la peine s'éteint par la mort du prévenu. L'action civile, pour la réparation du dommage, peut être exercée contre le prévenu et contre ses représentants.

La renonciation à l'action civile ne peut arrêter ni suspendre l'action publique. En effet, l'ordre public ayant été offensé par un délit, il doit être vengé nonobstant les conventions que les parties peuvent faire entre elles sur les intérêts civils.

DE LA POLICE

La police est instituée pour maintenir l'ordre public, la liberté, la propriété. Elle se divise en police administrative et en police judiciaire.

Police administrative. — Elle a pour objet le maintien de l'ordre public; elle tend principalement à prévenir les délits; elle fait exécuter les lois, les ordonnances, les règlements.

La police administrative est exercée dans toute la France par le ministre de l'intérieur, lorsqu'il s'agit de prendre des mesures générales; dans les départements par les maires sous la direction des préfets et des sous-préfets; elle est exercée à Paris par le préfet de police. Chacun de ces magistrats peut rendre des arrêtés de police que les circonstances rendent nécessaires.

Police judiciaire. — Lorsque malgré sa vigilance la police administrative n'a pas pu prévenir une infraction, alors commence l'action de la police judiciaire dont les attributions consistent à rechercher les crimes, les délits et les contraventions, elle en rassemble les preuves et en livre les auteurs aux tribunaux chargés par la loi de les punir.

Les fonctionnaires chargés de la police judiciaire prennent le nom d'*officiers de police judiciaire*; ce sont :

1° Les gardes champêtres et forestiers;

2° Les gardes particuliers, les gardes-rivières, les gardes-ventes, les gardes-pêche;

3° Les commmissaires de police ;
4° Les maires et adjoints des maires;
5° Les procureurs de la République et leurs substituts;
6° Les juges de paix;
7° Les officiers de gendarmerie ;
8° Les juges d'instruction ;
9° Les préfets, sous-préfets et préfet de police à Paris.

Chacun de ces officiers a des attributions particulières.

Gardes champêtres. — Les gardes champêtres sont chargés de rechercher, dans le territoire pour lequel ils sont assermentés, les délits et les contraventions de police qui portent atteinte aux propriétés rurales. Ils dressent des procès-verbaux à l'effet de constater la nature, les circonstances, le temps, le lieu des délits et des contraventions ainsi que les preuves et les indices qu'ils ont pu en recueillir. Ils suivent les choses enlevées où elles ont été transportées; mais ils ne peuvent s'introduire dans les maisons, ateliers, bâtiments, cours et enclos, si ce n'est en présence soit du juge de paix, soit du commissaire de police, soit du maire du lieu ou de son adjoint.

Ils ont le droit d'arrêter et de conduire devant le juge de paix ou devant le maire tout individu qu'ils auront surpris en flagrant délit ou qui sera dénoncé par la clameur publique, lorsque le délit emportera la peine de l'emprisonnement ou une peine plus grave. Ils ne peuvent constater aucun crime; et ils sont également sans capacité pour constater les délits et les contraventions étrangères à la police rurale.

Leurs procès-verbaux font foi en justice jusqu'à preuve contraire.

Gardes forestiers. — Les gardes forestiers sont institués pour la conservation des bois et forêts de l'Etat, des communes, des établissements publics et des particuliers. Les gardes forestiers ne peuvent être nommés qu'à l'âge de vingt-cinq ans ; ils sont nommés par le directeur général des eaux et forêts, et peuvent être destitués par lui ; ils doivent prêter serment devant le tribunal de première instance.

Tous les délits qui peuvent porter atteinte à la conservation du sol forestier, toutes les infractions qui sont connues sous la dénomination de délits forestiers et qui sont réprimés par les dispositions du Code forestier sont dans les attributions des gardes forestiers. Ils sont, en outre, chargés de veiller à l'observation des lois sur la chasse.

Les gardes sont autorisés à saisir les bestiaux trouvés en délit et les voitures et attelages des délinquants ; ils ne peuvent néanmoins s'introduire dans les maisons, bâtiments et enclos, si ce n'est en présence, soit du juge de paix ou de son suppléant, soit du maire du lieu ou de son adjoint, soit du commissaire de police.

Leurs procès-verbaux font foi jusqu'à inscription de faux.

Gardes particuliers. — Tout propriétaire a le droit d'avoir un garde champêtre particulier pour veiller à la conservation de ses propriétés. Ce garde doit être agréé par le sous-préfet.

Plusieurs particuliers peuvent se réunir pour avoir le même garde.

Après avoir été agréé par le sous-préfet le garde prête serment devant le juge de paix de son canton, ou devant le tribunal de première instance, si sa mission comprend des bois ; il se présente ensuite à l'officier ou sous-officier de gendarmerie pour faire inscrire sa commission.

Gardes-ventes. — Chaque adjudicataire de coupe de bois est tenu d'avoir un facteur ou garde-vente, agréé par l'agent forestier et assermenté devant le juge de paix. Ce garde est autorisé à dresser des procès-verbaux tant dans la vente qu'à l'ouïe de la cognée. Ces procès-verbaux sont soumis aux mêmes formalités que ceux des gardes forestiers et font foi jusqu'à preuve contraire.

Gardes-rivières. — Agents institués dans quelques localités pour la surveillance et la distribution des eaux auxquelles ont droit les propriétaires riverains d'un cours d'eau.

Les règles applicables à la nomination et aux fonctions de ces agents sont les mêmes que celles qui concernent les gardes particuliers. Toutefois, il n'est pas nécessaire que leurs procès-verbaux soient affirmés dans les vingt-quatre heures, comme ceux des gardes champêtres.

Gardes-pêche. — Le gouvernement exerce la surveillance et la police de la pêche dans l'intérêt général. En conséquence les agents spéciaux par lui institués à cet effet, ainsi que les gardes champêtres, éclusiers des canaux et autres officiers de police judiciaire, sont tenus de constater les délits de pêche en quelques lieux qu'ils soient commis, et ils transmettent leurs procès-verbaux au procureur de la République.

Les gardes-pêche nommés par l'administration sont assimilés aux gardes forestiers. Ils recherchent et constatent par procès-verbaux les délits dans l'arrondissement du tribunal près duquel ils sont assermentés. Ils sont autorisés à saisir les filets et autres instruments de pêche prohibés, ainsi que le poisson pêché en délit.

Commissaires de police. — Les commissaires de police sont des officiers publics chargés de faire observer les lois de police et de sûreté. Dans les villes de 5,000 à 10,000 âmes, il y a un commissaire de police.

Les commissaires de police exercent à la fois des fonctions dans l'ordre administratif et dans l'ordre judiciaire.

Dans l'ordre administratif ils concourent sous l'autorité des maires, à tous les objets de police confiés à ces magistrats; c'est-à-dire aux mesures d'administration qui peuvent concerner les constructions, alignements et démolitions sur la voie publique, les édifices menaçant ruine, les dépôts de matériaux, la salubrité et la propreté de la voie publique, la sûreté, la commodité et la tranquillité publiques, la tenue des auberges, cabarets et cafés, etc.

Dans l'ordre judiciaire, ils sont chargés de rechercher les crimes, les délits et les contraventions, et comme auxiliaires du procureur de la République, de recevoir les plaintes et les dénonciations des crimes et délits commis dans les lieux où ils exercent leurs fonctions.

Leurs procès-verbaux sont crus jusqu'à preuve contraire. Ils remplissent devant la justice de paix les fonctions du ministère public. Ils sont nommés par le président de la République.

Agents de police. — Les agents de police, qu'on désigne sous le titre de sergents de ville, d'appariteurs, sont placés sous les ordres d'un commissaire de police; et, dans les villes où il n'y a pas de commissaire de police, sous les ordres immédiats du maire.

Ces agents sont choisis et nommés par le maire, et leur traitement est prélevé, comme celui de tous les autres employés, sur le budget de la commune. Ils n'ont pas le caractère d'officiers de police judiciaire, et ne peuvent, par conséquent, dresser des procès-verbaux faisant foi en justice; leurs rapports n'ont d'autorité devant les tribunaux que lorsqu'ils sont appuyés par des preuves légales, aveu, etc. Dans tous les autres cas, ils ne valent que comme dénonciation des faits dont les agents ont été témoins.

Cependant les agents de police sont reconnus par la loi. Ils sont assimilés aux agents de la force publique soit lorsqu'ils sont requis de prêter main-forte à l'exécution des jugements, soit que porteurs eux-mêmes de mandats, ils sont chargés d'arrêter les prévenus, accusés ou condamnés, et de les conduire devant les magistrats compétents.

Les agents de police, hors les cas où ils sont porteurs de mandats légaux, n'ont aucun droit coercitif sur les personnes et ne peuvent les arrêter qu'en cas de flagrant délit.

Maires. — Les maires sont particulièrement chargés de la police administrative ; ils sont appelés à rechercher les contraventions dans les communes où il n'y a pas de commissaire de police et de remplir les fonctions du ministère public au tribunal de simple police.

Procureurs de la République. — Les procureurs de la République sont des magistrats établis près de chaque tribunal de première instance pour représenter la société dans toutes les affaires qui l'intéressent ; de veiller au maintien de l'ordre, requérir l'application et l'exécution des lois. Cette magistrature prend le nom de *ministère public.*

Les procureurs de la République sont chargés de la recherche et de la poursuite de tous les délits dont la connaissance appartient aux tribunaux correctionnels et aux cours d'assises.

Juge d'instruction. — Un juge d'instruction est attaché à chaque tribunal de première instance ; il est chargé d'instruire les affaires correctionnelles et criminelles.

Officiers de gendarmerie. — La gendarmerie est une force instituée pour veiller à la sûreté publique et pour assurer le maintien de l'ordre et l'exécution des lois. Une surveillance continue et répressive constitue l'essence de son service. Elle constate les crimes, délits et contraventions et en livre les auteurs aux tribunaux. Elle doit assistance à toute personne qui réclame son secours dans un moment de danger. Les gendarmes ont qualité pour se faire représenter, par les aubergistes, les registres sur lesquels ils doivent inscrire les noms des personnes logées chez eux.

La gendarmerie a des attributions multiples que notre cadre restreint ne nous permet pas d'énumérer. Son action s'exerce dans tout le territoire de la République. C'est un corps d'élite faisant partie intégrante de notre armée nationale.

DES TRIBUNAUX

Lorsque les officiers de police judiciaire ont rempli toutes les obligations dont ils sont tenus, lorsque la nature du fait est constatée, lorsque le juge d'instruction a fait son rapport, les personnes inculpées passent des mains de la police judiciaire dans celles de la *justice*, mot qui exprime ici le pouvoir qui applique la loi aux divers cas qui se présentent.

Tribunaux de simple police. — Il y a un tribunal de simple police dans chaque canton. Il est composé du juge de paix, d'un greffier et du ministère public, dont les fonctions sont remplies par le commissaire de police dans les villes où il y en a un, par le maire ou l'adjoint dans les communes où il n'existe pas de commissaire de police.

Au juge de paix appartient la connaissance des contraventions aux lois de police.

Sont considérés comme contravention de police simple, les faits qui peuvent donner lieu soit à 15 francs d'amende et au-dessous, soit à cinq jours d'emprisonnement et au-dessous. (Voyez articles 137 et suivants du Code d'instruction criminelle, et 471 et suivants du Code pénal.)

Les jugements rendus en matière de simple police peuvent être attaqués par la voie de l'appel, lorsqu'ils prononceront un emprisonnement ou lorsque les amendes excèdent la somme de 5 francs, outre les dépens. L'appel de ces jugements est porté devant le tribunal correctionnel.

Tribunaux correctionnels. — Ces tribunaux ne sont pas distincts des tribunaux civils de première instance; ce sont ces tribunaux qui, sous le titre de tribunaux correctionnels, connaissent: 1° des appels de justice de paix ; 2° des délits forestiers. Une foule de lois spéciales attribuent encore la connaissance de certains délits au tribunal de police correctionnelle : tels sont les contraventions et délits en matière de contributions indirectes, les délits de pêche, de chasse, etc.

Le tribunal correctionnel connaît de tous les délits dont la peine excède cinq jours d'emprisonnement et 15 francs d'amende (voyez tribunaux de simple police).

Le tribunal correctionnel sera saisi des délits de sa compétence soit à la requête du procureur de la République, soit à la requête de la partie lésée, que l'on appelle partie civile. La citation donnée à la requête de la partie civile énoncera les faits et tiendra lieu de plainte.

Si le prévenu ne comparaît pas lui-même ou par un avoué, il sera jugé par défaut ; il pourra former opposition à l'exécution de ce jugement dans les cinq jours de la signification qui lui en aura été faite.

Donnons ici le texte de l'article 1er de la loi du 26 mars 1891 (appelée loi Bérenger):

En cas de condamnation à l'emprisonnement ou à l'amende, si l'inculpé n'a pas subi de condamnation antérieure pour crime et délits de droit commun, les cours ou tribunaux peuvent ordonner par le même jugement et par décision motivée qu'il sera sursis à l'exécution de la peine.

Si pendant le délai de cinq ans, à dater du jugement ou de l'arrêt, le condamné n'a encouru aucune poursuite suivie de condamnation à l'emprisonnement ou à une peine plus grave pour crime ou délit de droit commun, la condamnation sera comme non avenue.

Dans le cas contraire, la première peine sera d'abord exécutée sans qu'elle puisse se confondre avec la seconde. Les jugements rendus en matière correctionnelle pourront être attaqués par la voie de l'appel.

La faculté d'appel appartiendra : 1° aux parties prévenues ; 2° à la partie civile quant aux intérêts civils seulement; 3° à l'administration forestière; 4° au procureur de la République. (Voyez cour d'appel.)

Cours d'assises. — Les cours d'assises sont les juridictions établies pour connaître des crimes qui emportent des peines afflictives et infamantes.

Il y a une cour d'assises dans chaque département.

Outre les membres des tribunaux d'instruction criminelle, et qui sont uniquement chargés de suivre les débats, douze jurés, conformément à la loi, prononcent sur le fait en lui-même.

Les assises ont lieu tous les trois mois; ces débats sont publics, à moins que les bonnes mœurs ou le bon ordre ne réclament contre cette publicité.

Les *jurés* sont des citoyens appelés devant les cours d'assises pour examiner et juger les faits allégués contre l'accusé et décider d'après leur conscience personnelle et les preuves qui leur ont été fournies, si le délit existe et quel est le coupable.

On appelle *jury* la réunion du corps des jurés.

La juridiction du jury est essentiellement populaire et morale.

Nul ne peut remplir les fonctions de juré s'il n'est âgé de trente ans accomplis.

La liste annuelle du jury comprend : pour le département de la Seine 3,000 jurés; pour les autres départements, un juré par 500 habitants, sans toutefois que le nombre des jurés soit inférieur à 400, et supérieur à 600.

Les jurés sont nommés par une commission composée dans chaque canton : du juge de paix, président, du suppléant des juges de paix et des maires de toutes les communes. Notre cadre ne nous permet pas de parler du jury en général, de la manière de le former et de le convoquer.

Cour d'appel. — La cour d'appel est un tribunal de premier ordre, ayant pour attributions de connaître souverainement des appels de police correctionnelle.

Ainsi, l'appel est une voie de recours donnée aux parties devant un tribunal supérieur contre un jugement d'un tribunal inférieur qui leur est préjudiciable.

En matière de police correctionnelle, l'appel est formé par une déclaration au greffe du tribunal qui a rendu le jugement. Le délai pour interjeter appel est de dix jours au plus; et si le jugement est rendu par défaut, dix jours après celui de la signification qui en aura été faite à la partie condamnée.

Cour de cassation. — C'est à cette cour qu'est exclusivement réservé le droit de casser les jugements lorsqu'ils contiennent *violation* de la loi, violation des formes ou excès de pouvoir.

Les demandes en cassation en matières criminelle, correctionnelle ou de simple police, doivent être faites dans le délai de trois jours de la prononciation du jugement ou de l'arrêt rendu en dernier ressort contradictoirement.

La déclaration du recours est faite au greffe et inscrite sur un registre à ce destiné.

TROISIÈME PARTIE

NOTIONS DE DROIT PÉNAL

Le droit pénal détermine le caractère des crimes, des délits et des contraventions.

L'homme n'est coupable, aux yeux de la loi, qu'en proportion du tort qu'il a causé à la société; et la peine n'est pas elle-même autre chose que la réparation de l'offense. Toute réparation qui excède le dommage est donc une injustice; de là ce soin avec lequel le législateur s'est attaché à graduer les peines en raison de la gravité des contraventions, des délits et des crimes.

Contraventions. — Les contraventions sont des infractions aux lois et règlements de la police administrative ou municipale; elles sont prouvées par des procès-verbaux ou rapports.

La connaissance des contraventions de police est attribuée aux juges de paix jugeant en matière de simple police.

Les peines de police sont graduées en raison de la gravité de la contravention, lesquelles se divisent en trois classes : la première classe comprend les contraventions légères punies simplement de 1 franc à 5 francs; la seconde, les contraventions punies d'une amende depuis 6 francs jusqu'à 10 francs ; la troisième classe comprend les contraventions punies de 11 à 15 francs inclusivement, et selon les circonstances une peine d'emprisonnement de cinq jours au plus. (Voyez Code pénal 471, 475, 479.)

Délits. — Les délits sont les infractions que les lois punissent des peines correctionnelles; ils sont portés devant les tribunaux correctionnels.

Les peines en matière correctionnelle sont : 1° l'emprisonnement dans un lieu de correction ; 2° l'amende ; 3° l'interdiction à temps de certains droits civils, civiques ou de famille.

Les condamnations aux peines établies par la loi sont toujours prononcées sans préjudice des restitutions et des dommages-intérêts qui peuvent être dus aux parties lésées.

Crime. — Le crime est une action méchante qui blesse directement l'intérêt public ou les droits d'un citoyen.

Dans le sens purement légal, le crime est une infraction que les lois punissent d'une peine afflictive et infamante.

La tentative du crime est assimilée au crime même.

Il n'y a de crime qu'autant qu'il y a eu volonté éclairée de le commettre, c'est-à-dire qu'autant que l'auteur en a compris toute la portée et qu'il a eu l'intelligence du mal qu'il faisait; c'est pour cela que la loi déclare qu'il n'y a ni crime ni délit lorsque le prévenu était en état de démence au temps de l'action, ou lorsqu'il a été contraint par une force à laquelle il n'a pu résister.

C'est pour cela encore que lorsque l'accusé est âgé de moins de seize ans, les juges et les jurés doivent avant tout résoudre la question de savoir s'il a agi avec discernement; car la loi suppose qu'à cet âge l'intelligence peut n'avoir pas atteint son complet développement.

Les crimes sont jugés par les cours d'assises.

Les peines en matières criminelles sont ou afflictives et infamantes, ou seulement infamantes. Les peines afflictives et infamantes sont : 1° la mort; 2° les travaux forcés à perpétuité; 3° la déportation; 4° les travaux forcés à temps; 5° la détention; 6° la réclusion. Les peines infamantes sont : 1° le bannissement; 2° la dégradation civique.

La mort. — On sait ce qu'est la mort en matière criminelle.

Les travaux forcés à perpétuité. — Les hommes condamnés aux travaux forcés sont employés aux travaux les plus pénibles dont le choix est laissé à l'administration.

La déportation. — Cette peine consiste à être transporté et à demeurer dans un lieu déterminé par la loi, hors le territoire continental de France.

Les travaux forcés à temps. — La détention temporaire consiste à être renfermé de cinq à vingt ans dans une forteresse située sur le territoire continental de la République.

La réclusion. — Cette peine consiste à être renfermé dans une maison de force et employé à des travaux dont le produit peut être en partie appliqué au profit du condamné, conformément aux règlements administratifs.

La passion du crime est une aberration d'esprit; c'est l'avilissement de l'homme, c'est un abaissement au niveau des animaux à mauvais instincts.

Le crime est souvent le produit de l'ignorance et de la misère; les deux remèdes sont dans l'éducation et le bien-être : voilà les deux conditions préventives.

Le crime est aussi un acte de faiblesse morale quand il n'est pas le produit presque spontané d'un moment d'exaltation.

Il vient un jour où tout crime amène son remords ou sa peine, toute faute sa punition : on apprend alors que le bonheur est dans le devoir.

L'immense publicité des crimes crée par elle-même le plus grand des dangers, car elle amène la démoralisation sociale en familiarisant le peuple avec tous ces grands attentats. Ce retentissement a quelque chose d'épidémique et de contagieux; il faudrait donc plutôt voiler les grands procès que les publier avec un éclat si dangereux.

Le devoir. — Est la loi divine, morale et humaine en action; c'est le bonheur unique et suprême de la grande société humaine et de chaque homme en particulier : enfin c'est la règle sacrée de tous.

Nous ne devons jamais faire plier la règle du devoir, selon qu'elle nous convient et nous agrée; mais nous devons toujours conformer notre conduite à la vérité, à la justice et à la morale universelle et savoir conquérir, par le sentiment du devoir, l'honorabilité.

QUATRIÈME PARTIE

TRIBUNAUX EN MATIÈRE CIVILE

Justices de paix. — La France doit l'organisation des justices de paix à l'Assemblée constituante, qui voulait placer à la proximité de tous les justiciables de chaque canton un magistrat populaire dont le tribunal fût l'autel de la concorde et qui prononçât vite et sans frais sur les affaires qui ne peuvent bien être appréciées que par l'homme des champs qui vérifie les faits sur les lieux mêmes et qui trouve dans son expérience les règles de décision plus sûres que la science des formes et des lois n'en peut fournir aux tribunaux.

Le juge de paix est un père au milieu de ses enfants; il dit un mot et les injustices se réparent, les divisions s'éteignent, les plaintes cessent; ses soins constants assurent le bonheur de tous.

Dans chaque canton, il y a un juge de paix nommé par le président de la République.

Les suppléants sont aussi nommés par le président de la République.

Un greffier est attaché à chaque justice de paix ; il tient la plume dans tous les actes du ministère du juge.

Il y a également un huissier particulièrement attaché au service de la justice de paix.

La compétence des juges de paix est limitée ; c'est-à-dire qu'elle n'embrasse que des matières qui sont spécialement affectées par la loi (voyez Code de procédure, art. 1er et suivants).

Mais les parties pourront toujours se présenter

volontairement devant le juge de paix, lequel pourra juger leur différend soit en dernier ressort, si les parties l'y autorisent, soit à la charge d'appel.

Préliminaires de conciliation. — L'épreuve de conciliation a été établie pour éviter les procès.

Aucune demande rentrant dans les attributions des tribunaux civils de première instance n'y sera reçue avant que le défendeur n'ait été préalablement appelé en conciliation devant le juge de paix ou que les parties n'y aient volontairement comparu, sauf les exceptions indiquées à l'art. 49 du Code de procédure.

Lors de la comparution au bureau de paix, le demandeur pourra expliquer, même augmenter sa demande et le défendeur former celles qu'il jugera convenables. Le procès-verbal qui sera dressé contiendra les conditions de l'arrangement, s'il y en a ; dans le cas contraire, il fera sommairement mention que les parties n'ont pu s'accorder.

Celle des parties qui ne comparaîtra pas sera condamnée à une amende de 10 fr. et toute audience lui sera refusée jusqu'à ce qu'elle ait justifié de la quittance.

Tribunaux de première instance. — C'est une juridiction établie dans chaque arrondissement pour connaître de toutes les affaires civiles à l'exception de celles qui sont spécialement attribuées à d'autres tribunaux. Aux tribunaux de commerce par exemple, aux justices de paix.

Ce tribunal est chargé de nombreuses fonctions. Outre ses attributions comme tribunal civil ordinaire, il juge les délits correctionnels; il juge les actions commerciales dans les arrondissements où il n'y a pas de tribunaux de commerce; il est encore juge d'appel des jugements des juges de paix et des tribunaux de simple police de son ressort.

Il y a près de chaque tribunal de première instance un procureur de la République, un ou plusieurs substituts, un greffier, un ou plusieurs commis assermentés, un ou plusieurs huissiers audienciers.

Tribunaux de commerce. —La rapidité des opérations commerciales, la bonne foi qui doit toujours y présider, la nécessité d'une procédure expéditive, rendaient indispensable pour le commerce une juridiction particulière.

Chaque tribunal de commerce est composé d'un président, de juges et de juges suppléants, d'un greffier.

Les fonctions de juges de commerce sont purement honorifiques.

Ils sont élus par tous les commerçants patentés depuis cinq ans réunis dans chaque canton à un jour fixé par la décision du préfet.

La compétence des tribunaux de commerce est indiquée articles 631 et suivants du Code de commerce. Ils connaissent de toutes contestations, entre commerçants, relatives aux actes de commerce.

Toutefois, par cela seul qu'une personne fait un acte de commerce, quelle que soit d'ailleurs sa profession, elle se soumet, par cet acte, à la juridiction commerciale.

La loi commerciale entend par *acte de commerce* tout achat de denrées et marchandises pour les revendre, soit en nature, soit après les avoir travaillées.

Prud'hommes. — On appelle ainsi une juridiction spéciale composée de négociants, fabricants, de chefs d'ateliers et d'ouvriers choisis parmi les personnes les plus recommandables de leur profession.

Les membres sont élus dans une assemblée générale composée d'électeurs âgés de trente ans.

Les prud'hommes sont institués pour terminer, par voie de conciliation, tous les différends qui s'élèvent journellement soit entre des fabricants et des ouvriers ou apprentis; pour juger entre les mêmes personnes toutes les contestations quelle qu'en soit la valeur.

La compétence des conseils de prud'hommes est réglée par des lois spéciales.

Arbitrage. — L'arbitrage est une juridiction

privée que les particuliers peuvent constituer pour juger leurs différends. Les arbitres sont les personnes que les parties choisissent pour juges.

On peut faire juger par arbitres toutes les contestations qu'elle qu'en soit la nature. L'acte par lequel on constate la convention de l'arbitrage s'appelle *compromis*; il doit énoncer l'objet en litige.

Les arbitres doivent prononcer suivant leur conviction sans considération des personnes; ils sont arbitres de toutes les parties, et non pas seulement de celle qui a pu les nommer.

CINQUIÈME PARTIE

LES OFFICIERS MINISTÉRIELS

On appelle ainsi ceux qui sont nommés par le président de la République pour prêter leur ministère aux magistrats et aux parties. Les notaires, les avoués, les greffiers, les huissiers, les commissaires-priseurs, sont des officiers ministériels.

Notaires. — Les notaires sont des fonctionnaires publics établis pour recevoir tous les actes et contrats auxquels les parties doivent ou veulent faire donner le caractère d'authenticité attaché aux actes de l'autorité publique et pour en assurer la date en conservant le dépôt et en délivrant des grosses et expéditions.

Les notaires qui résident dans les villes où il y a un tribunal de première instance, peuvent instrumenter dans l'étendue du ressort de ce tribunal ; ceux des autres communes ne peuvent exercer que dans l'étendue du ressort de la justice de paix de leur résidence.

Les notaires sont tenus de prêter leur ministère lorsqu'ils en sont requis ; mais ils peuvent le refuser lorsque les parties ne consignent pas d'avance, entre leurs mains, les droits d'enregistrement de l'acte qu'elles se proposent de faire.

Avoués. — Les avoués sont des officiers ministériels sans l'assistance desquels les parties ne peuvent discuter leurs intérêts devant les cours et les tribunaux de première instance.

Greffiers. — Les greffiers sont établis près les cours et tribunaux pour tenir registre des actes qui émanent du juge, en dresser procès-verbal, conserver les minutes et délivrer les expéditions.

Huissiers. — Les huissiers sont établis dans chaque arrondissement pour faire toutes citations, notifications et significations requises pour l'instruction des procès, tous actes et exploits nécessaires à l'exécution des ordonnances de justice, jugements et arrêts et le service personnel près les cours et tribunaux.

Commissaires-priseurs. — Ce sont des officiers publics qui font les estimations des meubles et les ventes publiques.

Les commissaires-priseurs nommés dans les chefs-lieux d'arrondissement font exclusivement toutes les prisées de meubles et ventes publiques aux enchères qui ont lieu dans le chef-lieu de leur établissement ; et ils ont la concurrence avec les notaires, greffiers et huissiers du canton où ont lieu les prisées ou les ventes publiques.

Joigny. — Imp. Hamelin-Zanote.

www.ingramcontent.com/pod-product-compliance
Ingram Content Group UK Ltd.
Pitfield, Milton Keynes, MK11 3LW, UK
UKHW020420220726
13923UKWH00005B/2072